마법의 속담 따라 쓰기

④

생각디딤돌 창작교실 엮음

생각디딤돌

차례

하루 2장의 기적!
속담 완전 정복 홈스쿨링
읽자마자 속담 왕 되기!

◉ 속담을 가장 빨리 익히는 방법은 소리 내어 읽기입니다.

속담을 소리 내어 읽다 보면 눈과 귀가 동시에 듣고 보는 것이 됩니다. 또한 속담을 읽으면서 그 속에 담긴 뜻, 모양, 모습, 소리 등을 상상할 수 있습니다. 예를 들어 '구르는 돌은 이끼가 안 낀다'라는 속담은 돌 하나가 데굴데굴 굴러가는 모습을 상상하게 됩니다. 그러면서 노력이 얼마나 중요하고 필요한가를 깨닫게 됩니다. '강물도 쓰면 준다'라는 속담에서는 그 많은 강물도 마구 쓰면 줄게 마련인데 제아무리 많은 것을 갖고 있어도 헤프게 쓴다면 곧 바닥이 나고 만다는 절약 정신을 배울 수 있습니다.

◉ 속담의 좋은 점은 일상생활에서 얼마든지 쓸 수 있다는 것입니다.

속담은 마치 편하게 입는 옷처럼 아무 때나 쓰고 사용해도 불편하거나 어색하지 않습니다. 그러니까 속담 공부는 책상에 앉아 조용히 외우고 익히느라 애를 써야 하는 어려운 공부가 아니라는 뜻입니다. 친구와 말을 주고받을 때, 글을 쓸 때 적절하게 사용한다면 훨씬 더 풍성한 대화가 되고 문장이 됩니다. 하나의 속담 인용이 길고 긴 여러 마디의 말보다 훨씬 효과적이고, 하나의 속담 인용이 읽기 지루한 몇 페이지의 글보다 훨씬 전달이 빠를 수 있습니다. 예를 들어 친구가 바닷가에 가서 예쁜 조개를 한 바구니 주워 왔다고 자랑을 한다면 여러분은 뭐라고 하겠어요? "우와, 좋겠다. 그런데 그걸 그냥 놔두면 굴러다니거나 먼지만 쌓일 텐데."라고 하기보다는 "구슬이 서 말이라도 꿰어야 보배라고 했어. 그걸 꿰면 흔한 조개껍데기가 아니라 예쁜 목걸이가 될 거야." 하고 말해 준다면 내가 친구에게 하려고 한 말을 훨씬 더 정확하게 전달할 수 있게 됩니다.

초등학생이 알아야 할
속담 212개 완전히 정복하기!

◉ **대표적인 속담 212개를 모두 알고 있다면 어디에서나 속담 왕이 될 수 있습니다.**

차례의 속담만 제대로 읽어도 기본적으로 알아야 할 속담을 익힐 수 있습니다. 초등 저학년의 눈높이에 맞도록 본래의 뜻을 이해하기 쉽게 설명했습니다. 또한 그 속담을 통해 인성이 쑥쑥 자랄 수 있도록 했습니다. 속담을 이해하면서 예절, 효도, 정직, 책임, 존중, 배려, 소통, 협동 등을 자연스럽게 키울 수 있습니다. 속담 따라 쓰기와 바르게 써보기를 통해 글씨 바르게 쓰기와 띄어쓰기를 동시에 익힐 수 있게 했고, 생활 속의 대화를 읽게 하면서 그 속담의 뜻을 더 정확히 이해하게 했습니다.

◉ **속담을 통해 우리 조상의 지혜와 교훈을 잘 알 수 있습니다.**

속담은 하루아침에 만들어진 것이 아닙니다. 일상생활에서 사용하는 말이 많은 세월을 거치며 갈고 닦이면서 하나의 속담으로 완성되었습니다. 그러니까 돌이나 모래 사이에서 금을 캐내듯이 흔하게 주고받는 말 속에서 속담이 탄생한 것입니다. 곧 속담은 언어의 금입니다. 그런 만큼 속담 속에는 우리 조상의 지혜와 교훈이 고스란히 스며 있습니다. 우리는 대대로 이어온 속담을 읽으며 조상과 내가 하나로 엮여 있다는 것을 느낄 수 있습니다. 또한, 아주 먼 훗날 미래의 친구들도 이 속담을 읽으며 지금의 우리와 그리고 먼 옛날의 조상과 하나라는 것을 깨달을 것입니다.

자라 보고 놀란 가슴 솥뚜껑 보고도 놀란다. <u>160</u>

본래 뜻 : 어떤 사물에 몹시 놀란 사람은 비슷한 사물만 보아도 겁을 낸다는 뜻.

인성이 쑥쑥 : '자라'는 몸길이가 약 30cm로 거북과 모습이 비슷해요. 한번 물면 절대로 놓지 않는 무서운 동물인데, 솥뚜껑 모양 같아요. 그러니까 자라한테 물렸던 사람은 솥뚜껑만 봐도 놀란다는 뜻이죠. 무서운 영화를 보고 나면 별것 아닌 것에도 깜짝 놀라는 것처럼요.

 따라서 써 볼까요?

자	라		보	고		놀	란		가	슴	∨
솥	뚜	껑		보	고	도		놀	란	다	.
자	라		보	고		놀	란		가	슴	∨
솥	뚜	껑		보	고	도		놀	란	다	.

 아래에 바르게 써 볼까요?

자라 보고 놀란 가슴 솥뚜껑 보고도 놀란다.

 **어떤 경우에 이 속담이 어울릴까요?**

"귀신 영화를 봤더니 우리 집 사방에 귀신이 숨어 있는 것 같아. 무서워서 잠도 못 자겠어."
"그래서 자라 보고 놀란 가슴 솥뚜껑 보고도 놀란다고 하는 거야. 맘을 가라앉히고 다른 생각을 해봐. 그러면 덜 무서울 거야."

작은 고추가 더 맵다.

본래 뜻 : 몸집이 작은 사람이 큰 사람보다 오히려 단단하고 재주가 뛰어나다는 뜻.

인성이 쑥쑥 : 고추는 작을수록 매워요. 오이고추처럼 큰 것은 거의 안 맵고요. 사람도 키가 큰 사람보다는 작은 사람의 재주가 더 뛰어난 경우가 많아요. 키 크다고 공부를 잘하는 것도 아니고, 키 작다고 공부를 못하는 것도 아니죠. 오히려 키 작은 사람이 더 야무질 수 있어요.

 따라서 써 볼까요?

작	은		고	추	가		더		맵	다	.
작	은		고	추	가		더		맵	다	.

 아래에 바르게 써 볼까요?

작은 고추가 더 맵다.

어떤 경우에 이 속담이 어울릴까요?

"너는 키가 작은 편인데도 못 하는 것이 없어. 공부도 그렇고 축구도 잘하잖아."
"축구는 키로 하는 것이 아니잖아. 공부는 재미있으니까 열심히 하는 편이고."
"너 같은 애를 두고 작은 고추가 더 맵다고 하는 거야. 정말 대단해."

작은 불이 온 산을 태운다.

본래 뜻 : 작고 하찮게 여겼던 것이 크고 무서운 결과를 가져온다는 뜻.

인성이 쑥쑥 : 간혹 무심결에 던진 담뱃불 하나가 온 산은 물론 온 동네를 다 태우는 무서운 재앙으로 번지기도 해요. 아무 생각 없이 던진 농담 한 마디가 불씨가 되어 친구들과 큰 다툼으로 이어지는 경우도 있지요? 그러니까 항상 말 조심 행동 조심하라는 뜻이기도 해요.

 따라서 써 볼까요?

작	은		불	이		온		산	을	
태	운	다	.							
작	은		불	이		온		산	을	
태	운	다	.							

 아래에 바르게 써 볼까요?

작은 불이 온 산을 태운다.

 **어떤 경우에 이 속담이 어울릴까요?**

"내가 농담으로 학교에서 귀신을 봤다고 했더니 그 말이 학교 전체로 퍼졌어."
"이런, 왜 그런 거짓말을 했어? 네가 아무리 사실이 아니라고 해도 애들은 안 믿을지 몰라."
"정말 장난으로 한 말이었단 말이야. 이래서 작은 불이 온 산을 태운다고 했나 봐."

잘되면 제 탓 못되면 조상 탓

본래 뜻 : 일이 안될 때 그 책임을 남에게 돌리는 태도를 비유적으로 이르는 말.

인성이 쑥쑥 : 무슨 일을 했을 때 잘 되었으면 자신에게 유리하게 말을 하고 잘못되었을 때는 남을 탓하기도 해요. 내 잘못이었다고 판단되면 "내 실수였어. 다음에는 더 조심하도록 할게." 하고 용기 있게 말하는 것이 훨씬 좋겠지요?

 따라서 써 볼까요?

잘	되	면		제		탓		못	되	면	∨
조	상		탓								
잘	되	면		제		탓		못	되	면	∨
조	상		탓								

 아래에 바르게 써 볼까요?

잘되면 제 탓 못되면 조상 탓

어떤 경우에 이 속담이 어울릴까요?

"내가 운동 소질이 없는 것은 우리 아빠 닮아서 그래. 그래도 내 노력 덕분에 공부는 잘해."
"네가 공부를 잘하는 것도 부모님 덕분인지 모르잖아. 근데 왜 네 노력 덕분이라고 해?"
"헤헤, 그러게. 그래서 잘되면 제 탓 못되면 조상 탓이라는 속담이 있나 봐."

잠을 자야 꿈도 꾼다.

본래 뜻 : 뭔가를 이루려면 그에 따른 노력과 준비를 해야 한다는 말.

인성이 쑥쑥 : 잠을 자지 않으면 꿈을 꿀 수가 없어요. 그런 것처럼 어떤 목적을 정해놓기만 하고 준비와 노력을 하지 않는다면 아무것도 얻을 수가 없지요. 공부를 잘하겠다고 목표를 정했다면 누구보다 더 열심히 해야 성적이 오르는 것처럼요.

 따라서 써 볼까요?

잠	을		자	야		꿈	도		꾼	다	.
잠	을		자	야		꿈	도		꾼	다	.

 아래에 바르게 써 볼까요?

잠을 자야 꿈도 꾼다.

어떤 경우에 이 속담이 어울릴까요?

"그동안 공부를 별로 안 했는데 앞으로는 공부를 아주 잘하기로 결심했어."

"말만 하면 아무 소용이 없어. 잠을 자야 꿈도 꾼다고 했어. 네가 아무리 중요한 목표를 세웠어도 준비도 없고 노력도 안 한다면 아무 소용이 없어."

젊어 고생은 사서도 한다.

본래 뜻 : 젊었을 때의 고생은 훗날 잘 살기 위한 밑거름이 된다는 뜻.

인성이 쑥쑥 : 누구나 고생을 좋아하지 않아요. 하지만 고생이 싫다고 빈둥빈둥 놀기만 하면 어떻게 될까요? 나중에 빈털터리가 되거나 쓸모없는 사람이 될지도 몰라요. 지금은 힘들더라도 열심히 노력하고 최선을 다한다면 훗날 지금보다 백 배는 더 잘 살 수 있을 테고요.

 따라서 써 볼까요?

젊	어		고	생	은		사	서	도	
한	다	.								
젊	어		고	생	은		사	서	도	
한	다	.								

 아래에 바르게 써 볼까요?

젊어 고생은 사서도 한다.

어떤 경우에 이 속담이 어울릴까요?

"아빠는 왜 하루도 안 쉬고 일을 하세요. 저는 아빠가 쉬면서 일했으면 좋겠어요."

"젊어 고생은 사서도 한다고 했어. 일할 수 있을 때 열심히 하면 훗날 우리 가족이 편안히 잘 살 수 있다고 생각하니까 조금도 힘들지 않단다."

제 꾀에 제가 넘어간다.

본래 뜻 : 꾀를 내어 남을 속이려다 도리어 자기가 그 꾀에 당할 수 있다는 뜻.

인성이 쑥쑥 : 욕심꾸러기들은 제 욕심만 채우기 위해 잔꾀를 부리기도 해요. 그러다 제 꾀에 넘어가 큰 손해를 입기도 하지요. 간혹 내가 손해 볼 일이 생기거든 이렇게 생각하세요. "에이, 내가 조금 손해 보고 말지 뭐." 그러면 꾀 쓸 일도 없고 맘도 훨씬 편할 거예요.

 따라서 써 볼까요?

제		꾀	에		제	가		넘	어	간
다	.									
제		꾀	에		제	가		넘	어	간
다	.									

 아래에 바르게 써 볼까요?

제 꾀에 제가 넘어간다.

어떤 경우에 이 속담이 어울릴까요?

"허락도 없이 내 과자를 몰래 먹어치우면 어떻게 해? 아까 네 과자도 혼자 다 먹었잖아."
"내가 너무 욕심을 부렸나 봐. 배가 살살 아파."
"그래서 제 꾀에 제가 넘어간다는 말이 있어. 욕심을 너무 부렸다가 너만 손해 봤잖아."

제 똥 구린 줄 모른다.

본래 뜻 : 자기의 허물을 깨닫지 못한다는 뜻.

인성이 쑥쑥 : 누구나 자신이 눈 똥은 냄새가 나지 않는다고 생각해요. 대신 남의 똥에서는 심한 악취가 난다고 생각하지요. 자신이 잘못했는데도 잘못을 인정하지 않고 남의 허물만 꼬집는다면 안 되겠지요?

 따라서 써 볼까요?

제		똥	구	린		줄		모	른
다	.								
제		똥	구	린		줄		모	른
다	.								

 아래에 바르게 써 볼까요?

제 똥 구린 줄 모른다.

 **어떤 경우에 이 속담이 어울릴까요?**

"기호는 아무 데나 쓰레기를 버려. 그러면서 수아가 침 뱉었다고 얼마나 화를 냈는지 모른다니까."
"기호는 침 뱉는 것이 세상에서 제일 더럽다고 생각하거든."
"그래서 제 똥 구린 줄 모른다고 하나 봐."

제 버릇 개 줄까.

본래 뜻 : 나쁜 버릇은 쉽게 고쳐지지 않는다는 뜻.

인성이 쑥쑥 : 세 살 버릇 여든까지 간다는 말이 있어요. 그만큼 한번 들인 버릇은 쉽게 고쳐지지 않는다는 뜻이죠. 하지만 남에게 피해를 주는 버릇이라면 고치는 것이 당연해요. "버릇이니까 못 고쳐."라며 함부로 행동한다면 그걸 좋아할 사람은 한 명도 없으니까요.

 따라서 써 볼까요?

제		버	릇		개		줄	까	.	
제		버	릇		개		줄	까	.	

 아래에 바르게 써 볼까요?

제 버릇 개 줄까.

어떤 경우에 이 속담이 어울릴까요?

"우리 집 고양이는 제 밥그릇은 거들떠도 안 보면서 강아지가 밥을 먹으면 할퀴고 난리를 피워."
"제 밥그릇은 입도 안 대면서 강아지 밥은 욕심이 나나 보다."
"아무리 그 버릇을 고치려고 해도 소용없어. 그래서 제 버릇 개 줄까 하는 말이 있나 봐."

제비는 작아도 강남 간다.

본래 뜻 : 비록 모양은 작아도 제 할 일은 다 한다는 말.

인성이 쑥쑥 : '강남'은 남쪽의 먼 나라를 가리키는 말이에요. 작은 제비가 먼 강남까지 날아가려면 얼마나 힘이 들겠어요. 그만큼 몸집은 작아도 제 할 일은 다 한다는 뜻이죠. 내가 아직 어리지만 바쁜 아빠 엄마 대신 동생을 돌보는 것처럼요.

 따라서 써 볼까요?

제	비	는		작	아	도		강	남	
간	다	.								
제	비	는		작	아	도		강	남	
간	다	.								

 아래에 바르게 써 볼까요?

제비는 작아도 강남 간다.

 **어떤 경우에 이 속담이 어울릴까요?**

"아빠 엄마 오시기 전에 동생 밥도 먹이고 세수도 시켰어요. 피곤했는지 벌써 잠들었어요."
"제비는 작아도 강남 간다고 하더니 너를 두고 하는 말 같다. 어린 네가 아빠 엄마를 크게 도와주는구나."

쥐구멍에도 볕 들 날 있다.

본래 뜻 : 지금 당장은 힘들어도 언젠가는 좋은 날이 온다는 뜻.

인성이 쑥쑥 : '볕 들 날'은 햇볕이 들어오는 때를 말해요. 캄캄한 쥐구멍에 언젠가는 햇볕이 들 듯, 고생 끝에 반드시 좋은 시절이 찾아올 수 있어요. 실력 부족으로 축구 경기에서 지게 되면 참 속상하죠. 하지만 포기하지 않고 열심히 연습하면 승리하는 날이 반드시 올 거예요.

 따라서 써 볼까요?

쥐	구	멍	에	도		볕		들		날 ∨
있	다	.								
쥐	구	멍	에	도		볕		들		날 ∨
있	다	.								

 아래에 바르게 써 볼까요?

쥐구멍에도 볕 들 날 있다.

 **어떤 경우에 이 속담이 어울릴까요?**

"이건 기적이야! 축구를 전혀 못 하던 너희가 축구를 가장 잘하는 3반을 이기다니!"

"쥐구멍에도 볕 들 날 있다고 했어. 저번 경기에서 진 뒤로 얼마나 연습했는지 몰라. 포기하지 않고 열심히 연습했더니 오늘 드디어 5대 6으로 우리가 이겼어!"

지렁이도 밟으면 꿈틀한다.

본래 뜻 : 아무리 약하고 힘없는 사람도 너무 업신여기면 성을 낸다는 뜻.

인성이 쑥쑥 : '지렁이'는 땅속에 사는데 사람 발에 밟히면 꿈틀거리며 반응해요. 흙에 의지해 사는 약한 생물이지만 밟히면 아프다는 것을 나름대로 표현하는 거죠. 항상 순하게 굴던 친구가 화를 내면 엄청 무서워요. 그러니까 약해 보인다고 함부로 대하면 안 되겠죠?

 따라서 써 볼까요?

지	렁	이	도		밟	으	면		꿈	틀
한	다	.								
지	렁	이	도		밟	으	면		꿈	틀
한	다	.								

 아래에 바르게 써 볼까요?

지렁이도 밟으면 꿈틀한다.

 **어떤 경우에 이 속담이 어울릴까요?**

"내가 그렇게 만만해? 내가 계속 참고 견딜 줄 알았어? 한 번만 더 까불면 가만두지 않겠어!"

"으악! 네가 화를 내니까 정말 무섭다. 그동안 네가 화내는 걸 한 번도 못 봤는데…….."

"지렁이도 밟으면 꿈틀한다고 했어! 그동안 나를 우습게 봤나 본데, 그만 까불어!"

지성이면 감천

본래 뜻 : 어려운 일도 정성을 다하면 순조롭게 풀려서 좋은 결과를 맺는다는 말.

인성이 쑥쑥 : '지성'은 지극한 정성을 뜻하고, '감천'은 정성이 지극하여 하늘이 감동한다는 뜻이에요. 그러니까 정성이 지극하면 하늘도 감동하여 도와준다는 말이죠. 내가 감기에 걸렸을 때 엄마가 지극정성으로 돌봐주면 금방 병이 낫는 것처럼요.

 따라서 써 볼까요?

지	성	이	면		감	천				
지	성	이	면		감	천				

 아래에 바르게 써 볼까요?

지성이면 감천

어떤 경우에 이 속담이 어울릴까요?

"이번 감기는 정말 지독해요. 앓는 동안 헛것이 보여서 무서웠어요. 엄마 덕분에 살았어요."

"네 몸이 펄펄 끓을 때 얼마나 무서웠는지 몰라. **지성이면 감천**이라더니, 네 곁을 한시도 안 떠나고 지켰더니 열도 내리고 차츰 좋아졌어. 정말 천만다행이다."

찬물도 위아래가 있다.

본래 뜻 : 무엇에나 순서가 있으니, 그 차례를 따라야 한다는 말.

인성이 쑥쑥 : 물 한 모금 마실 때도 어른 먼저, 그런 뒤에 아랫사람이 먹는 것이 순서예요. 그러니까 어떤 일을 할 때면 항상 순서를 먼저 생각해야겠지요. 식탁에서 어른들이 수저를 미처 들기도 전에 나부터 허겁지겁 밥을 먹어서는 안 되는 것처럼요.

 따라서 써 볼까요?

찬	물	도		위	아	래	가		있	다	.
찬	물	도		위	아	래	가		있	다	.

 아래에 바르게 써 볼까요?

찬물도 위아래가 있다.

 **어떤 경우에 이 속담이 어울릴까요?**

"엄마, 배고파요. 저부터 밥 먹을게요."

"안 돼! 찬물도 위아래가 있다고 했어. 우리 집의 가장 큰 어른은 할아버지야. 그러니까 항상 할아버지가 먼저 수저를 든 뒤에 너희도 드는 것이 옳아."

참는 것이 이기는 것이다.

본래 뜻 : 어떤 경우에도 끝까지 참으면 이루지 못할 일이 없다는 말.

인성이 쑥쑥 : 친구가 까닭 없이 화를 내면 정말 어처구니가 없어요. 덩달아 나도 화를 내기도 하지요. 그러면 점점 목소리가 커지고 한바탕 싸움이 벌어질 수도 있어요. 그러니까 화가 난다고 대뜸 소리부터 지르지 말고 잠깐 참았다가 할 말을 한다면 친구도 많이 미안해할 거예요.

 따라서 써 볼까요?

참	는		것	이		이	기	는		것
이	다	.								
참	는		것	이		이	기	는		것
이	다	.								

 아래에 바르게 써 볼까요?

참는 것이 이기는 것이다.

 **어떤 경우에 이 속담이 어울릴까요?**

"그동안 무슨 일이든 내가 먼저 화를 냈어. 그래도 너는 항상 꾹 참았어. 많이 미안해."

"네가 화낼 때 나도 힘들었어. 하지만 참는 것이 이기는 것이라고 했어. 네가 화낼 때 나도 덩달아 화를 낸다면 어떻게 되겠어."

천 리 길도 한 걸음부터

본래 뜻 : 무슨 일이나 그 일의 시작이 중요하다는 말.

인성이 쑥쑥 : '천 리'는 약 400km예요. 서울에서 부산까지의 거리죠. 그 먼 길을 가는 것도 맨 처음 첫걸음부터 시작해요. 그만큼 시작이 중요하지요. 기어 다니던 아기가 며칠 전에 벽을 붙잡고 일어나 간신히 한 발짝을 떼기 시작했는데 지금은 자유롭게 걸어 다니는 것처럼요.

 따라서 써 볼까요?

천	리		길	도		한		걸	음
부	터								
천	리		길	도		한		걸	음
부	터								

 아래에 바르게 써 볼까요?

천 리 길도 한 걸음부터

 **어떤 경우에 이 속담이 어울릴까요?**

"아기가 잠시도 가만있질 않아요. 제 방에까지 들어와서 말썽을 피우고 있어요."
"천 리 길도 한 걸음부터라더니 걸음마를 시작한 뒤로 아기가 온 집안을 헤집고 다닌다."

첫술에 배부르랴.

본래 뜻 : 어떤 일이든지 단번에 만족할 수는 없다는 말.

인성이 쑥쑥 : '첫술'은 음식을 먹을 때, 처음으로 드는 숟갈을 말해요. 그러니까 한 숟갈의 밥으로 어떻게 배가 부르겠냐는 뜻이죠. 어느 날 갑자기 공부하겠다고 결심하지만 금방 성적이 안 오르는 것도 마찬가지예요.

176

 따라서 써 볼까요?

첫	술	에		배	부	르	랴	.		
첫	술	에		배	부	르	랴	.		

 아래에 바르게 써 볼까요?

첫술에 배부르랴.

 **어떤 경우에 이 속담이 어울릴까요?**

"엄마, 앞으로 공부 열심히 할게요. 근데 어떻게 하면 단번에 실력이 확 늘죠?"

"첫술에 배부르랴? 공부 실력은 하루 이틀 사이에 늘지 않아. 꾸준히 노력하면 비로소 조금씩 실력이 늘기 시작해."

친구 따라 강남 간다.

본래 뜻 : 자기는 별로 하고 싶지 않지만 남이 하니까 덩달아 따라 한다는 뜻.

인성이 쑥쑥 : '강남'은 아주 먼 남쪽을 뜻해요. 친구가 가니까 멀고 낯선 곳을 덩달아 쫓아간다는 뜻이죠. 별로 하고 싶지 않지만 친구가 하니까 마지못해 따라 하는 경우가 있어요. 친구가 태권도 학원에 다니니까 나도 덩달아 시작한다면 과연 태권도 학원에 가는 것이 즐거울까요?

 따라서 써 볼까요?

친	구		따	라		강	남		간	다	.
친	구		따	라		강	남		간	다	.

 아래에 바르게 써 볼까요?

친구 따라 강남 간다.

 **어떤 경우에 이 속담이 어울릴까요?**

"너는 태권도 별로 안 좋아하잖아. 그런데 왜 태권도 배운다고 해?"
"친구 따라 강남 간다고 했어. 네가 태권도 학원 다닌다고 하니까 그렇지. 너는 학원에 가고 없는데 나 혼자 뭐 하고 놀아?"

칼로 물 베기

본래 뜻 : 서로 다투었다가도 금방 사이좋게 지낸다는 뜻.

인성이 쑥쑥 : 칼로 물을 베는 일은 아주 쉽지요. 언제 그런 일이 있었냐는 듯이 흔적도 안 남아요. 동생이나 형하고 다투는 것도 똑같아요. 아옹다옹 다투기도 하지만 금방 잊어버리고 다시 사이좋게 놀게 되니까요.

 따라서 써 볼까요?

칼	로		물		베	기				
칼	로		물		베	기				

 아래에 바르게 써 볼까요?

칼로 물 베기

 **어떤 경우에 이 속담이 어울릴까요?**

"아까 너랑 네 동생이 엄청 싸우던데 벌써 화해했어? 다시는 동생하고 안 놀 줄 알았는데 정말 사이좋게 노네."

"형제 싸움은 칼로 물 베기야. 이렇게 놀다가 또 싸우겠지만 금방 잊어버리고 다시 놀 거야."

콩 심은 데 콩 나고 팥 심은 데 팥 난다. [179]

본래 뜻 : 모든 일은 원인에 따라서 결과가 생긴다는 뜻.

인성이 쑥쑥 : 콩을 심었으면 콩이 나는 것은 당연해요. 뭔가 목표를 정해놓고 노력한다면 노력한 만큼 결과가 나오는 것도 당연한 일이고요. 건강해지고 싶은데 운동은 조금도 하지 않는다면 과연 건강해질까요? 운동을 열심히 해야 비로소 건강해질 수 있어요.

 따라서 써 볼까요?

콩		심	은		데		콩		나	고 ∨
팥		심	은		데		팥		난	다 .
콩		심	은		데		콩		나	고 ∨
팥		심	은		데		팥		난	다 .

 아래에 바르게 써 볼까요?

콩 심은 데 콩 나고 팥 심은 데 팥 난다.

어떤 경우에 이 속담이 어울릴까요?

"나도 형처럼 건강해지고 싶어. 그런데 운동은 하기 싫어. 어떻게 하면 쉽게 건강해지지?"

"콩 심은 데 콩 나고 팥 심은 데 팥 난다고 했어. 그렇게 손가락 하나 까딱하지 않으면서 어떻게 건강해질 수 있겠어? 운동하지 않고 건강해질 수 있는 방법은 절대 없어."

콩으로 메주를 쑨다 하여도 곧이듣지 않는다. [180]

본래 뜻 : 아무리 사실대로 말하여도 믿지 않는다는 뜻.

인성이 쑥쑥 : '메주'는 콩을 삶아 만드는데 간장, 된장, 고추장을 담가요. 메주는 콩으로만 만들수 있어요. 그런데 콩으로 메주를 만들었다고 해도 안 믿을 정도라면 어떤 말도 안 믿는다는 뜻이죠. 친구에게 몇 번 거짓말을 했더니 이제는 어떤 말도 안 믿는 것처럼요.

 따라서 써 볼까요?

콩	으	로		메	주	를		쑨	다
하	여	도		곧	이	듣	지	않	는
다	.								
콩	으	로		메	주	를		쑨	다
하	여	도		곧	이	듣	지	않	는
다	.								

 아래에 바르게 써 볼까요?

콩으로 메주를 쑨다 하여도 곧이듣지 않는다.

 **어떤 경우에 이 속담이 어울릴까요?**

"갑자기 돈이 필요해. 천 원만 빌려줄래? 내일 꼭 갚을게."
"콩으로 메주를 쑨다 하여도 곧이듣지 않는다는 말이 있어. 그동안 네가 너무 많은 거짓말을 해서 이제는 어떤 말도 믿어지질 않아."

큰 북에서 큰 소리 난다.

본래 뜻 : 마음이 넓고 용감한 사람이 훌륭한 일을 해낸다는 뜻.

인성이 쑥쑥 : '북'은 나무 조각을 원으로 만들어서 양옆에 가죽을 씌운 악기예요. 북의 크기가 크면 소리도 크게 나요. 그런 것처럼 마음이 넓고 용감한 사람은 언젠가는 훌륭한 일을 해내지요. 힘없는 아이를 왕따시키는 애들한테 그러지 말라고 당당하게 맞서는 것도 용감한 일이에요.

 따라서 써 볼까요?

큰		북	에	서		큰		소	리	
난	다	.								
큰		북	에	서		큰		소	리	
난	다	.								

 아래에 바르게 써 볼까요?

큰 북에서 큰 소리 난다.

어떤 경우에 이 속담이 어울릴까요?

"수민이가 애들한테 심하게 왕따를 당하고 지냈구나. 네가 알려줘서 정말 다행이다."

"저도 모르고 있었어요, 선생님. 수민이는 무서워서 그동안 말도 못 하고 혼자 견뎠나 봐요."

"큰 북에서 큰 소리 난다고 했어. 너는 언제든 용감하게 행동하니까 정말 든든하단다."

속담 퀴즈 박사 되기

1. 다음 빈칸에 알맞은 속담을 골라 써 볼까요?

1. ☐☐ 보고 놀란 가슴 솥뚜껑 보고도 놀란다. 〈어떤 사물에 몹시 놀란 사람은 비슷한 사물만 보아도 겁을 낸다는
   ① 자라 ② 토끼 ③ 사자 ④ 돼지

2. 작은 ☐☐ 가 더 맵다. 〈몸집이 작은 사람이 큰 사람보다 오히려 단단하고 재주가 뛰어나다는 말〉
   ① 참외 ② 고추 ③ 오이 ④ 가지

3. 제 ☐ 에 제가 넘어간다. 〈꾀를 내어 남을 속이려다 도리어 자기가 그 꾀에 당할 수 있다는 뜻〉
   ① 흥 ② 꿈 ③ 꾀 ④ 말

4. ☐☐ 는 작아도 강남 간다. 〈비록 모양은 작아도 제 할 일은 다 한다는 말〉
   ① 오리 ② 까치 ③ 참새 ④ 제비

5. ☐☐☐ 에도 볕 들 날 있다. 〈지금 당장은 힘들어도 언젠가는 좋은 날이 온다는 뜻〉
   ① 부뚜막 ② 쥐구멍 ③ 안마당 ④ 사랑채

6. ☐☐☐ 도 밟으면 꿈틀한다. 〈아무리 약하고 힘없는 사람도 너무 업신여기면 성을 낸다는 뜻〉
   ① 지렁이 ② 오소리 ③ 원숭이 ④ 까마귀

7. 천 리 길도 한 ☐☐ 부터 〈무슨 일이나 그 일의 시작이 중요하다는 말〉
   ① 걸음 ② 손뼉 ③ 마을 ④ 동네

8. ☐☐ 따라 강남 간다. 〈자기는 별로 하고 싶지 않지만 남이 하니까 덩달아 한다는 뜻〉
   ① 누나 ② 친구 ③ 이웃 ④ 친척

9. ☐ 로 물 베기 〈서로 다투었다가도 금방 사이좋게 지낸다는 뜻〉
   ① 칼 ② 컵 ③ 불 ④ 핀

10. ☐ 심은데 콩 나고 팥 심은 데 팥 난다. 〈모든 일은 원인에 따라서 결과가 생긴다는 뜻〉
    ① 병 ② 꽃 ③ 북 ④ 콩

정답 1.자라 2.고추 3.꾀 4.제비 5.쥐구멍 6.지렁이 7.걸음 8.친구 9.칼 10.콩

2. 다음 글을 읽고 어떤 내용의 속담이 맞는지 써 볼까요?

〈서로 다투었다가도 금방 사이좋게 지낸다는 뜻〉

 너랑 네 짝꿍은 하루도 안 싸우는 날이 없는 것 같아.

응, 그렇지만 금방 화해하고 다시 사이좋게 놀아.

 그렇게 맨날 싸우는데도 짝꿍 바꿔 달라는 말은 안 하네.

우리 싸움은 _____ 야.
나는 내 짝꿍이 참 좋아.

3. 아래 단어 중에 세 가지를 골라 속담을 써 볼까요?

**고추 / 잠 / 고생 / 걸음 /
친구 / 칼/ 콩**

_____

_____

_____

_____

_____

_____

_____

_____

태산을 넘으면 평지를 본다.

본래 뜻 : 어렵거나 힘든 일을 겪은 뒤에는 반드시 즐겁고 좋은 일이 생긴다는 말.

인성이 쑥쑥 : '태산'은 높고 큰 산, '평지'는 바닥이 편편한 땅을 뜻해요. 태산을 넘으려면 정말 힘들지만 무사히 넘고 나면 편한 길을 만날 수 있어요. 너무 많이 찐 살을 빼기란 쉬운 일이 아니지만 꾹 참고 열심히 운동하다 보면 건강한 몸을 되찾을 수 있는 것처럼요.

 따라서 써 볼까요?

태	산	을		넘	으	면		평	지	를	∨
본	다	.									
태	산	을		넘	으	면		평	지	를	∨
본	다	.									

 아래에 바르게 써 볼까요?

태산을 넘으면 평지를 본다.

 **어떤 경우에 이 속담이 어울릴까요?**

"엄마, 살 빼기가 너무 힘들어요. 이렇게 힘들 줄 알았으면 처음부터 안 찌는 건데."
"태산을 넘으면 평지를 본다고 했어. 힘들어도 열심히 운동하고 음식량도 조절하면 반드시 살이 빠질 거야. 힘내!"

털어서 먼지 안 나는 사람 없다.

183

본래 뜻 : 누구나 다 조그마한 허물은 가지고 있다는 말.

인성이 쑥쑥 : 사람은 태어나 자라는 동안 크고 작은 잘못을 저질러요. 그래서 아무리 깨끗하다고 해도 먼지 안 나는 사람은 없어요. 태어나서 처음으로 엄마 몰래 돈을 훔쳤다면 얼마나 마음이 무겁겠어요. 그럴 때는 솔직하게 말씀드리고 용서를 받는 것이 좋겠지요?

 따라서 써 볼까요?

털	어	서		먼	지		안		나	는	∨
사	람		없	다	.						
털	어	서		먼	지		안		나	는	∨
사	람		없	다	.						

 아래에 바르게 써 볼까요?

털어서 먼지 안 나는 사람 없다.

 **어떤 경우에 이 속담이 어울릴까요?**

"엄마 지갑에서 돈을 꺼내 장난감을 샀어요. 세상에서 제가 제일 나쁜 아이 같아요."

"털어서 먼지 안 나는 사람 없다는 말이 있어. 엄마 지갑에 손을 댄 것은 큰 잘못이지만 그걸 끝까지 말하지 않았다면 더 큰 잘못이 됐을 거야. 솔직하게 말해줘서 고맙다."

토끼 둘을 잡으려다가 하나도 못 잡는다. 184

본래 뜻 : 욕심을 부려 한꺼번에 여러 가지 일을 하려 하면 하나도 이루지 못한다는 뜻.

인성이 쑥쑥 : 부모님과 장난감 가게를 갔다가 이것도 갖고 싶다, 저것도 갖고 싶다, 지나치게 욕심을 부리면 어떻게 될까요? 아마 부모님께서는 한 개의 장난감도 안 사주실지도 몰라요. 그러니까 욕심이 너무 많으면 그 욕심 때문에 큰 손해를 보기도 하지요.

 따라서 써 볼까요?

토	끼		둘	을		잡	으	려	다	가	∨
하	나	도		못		잡	는	다	.		
토	끼		둘	을		잡	으	려	다	가	∨
하	나	도		못		잡	는	다	.		

 아래에 바르게 써 볼까요?

토끼 둘을 잡으려다가 하나도 못 잡는다.

 **어떤 경우에 이 속담이 어울릴까요?**

"엄마가 생일 선물로 게임기를 사준다고 하셨는데 내가 로봇도 갖고 싶다고 떼를 썼다가 아무것도 받지 못했어."

"너야말로 토끼 둘을 잡으려다가 하나도 못 잡는 꼴이 됐네. 진짜 속상하겠다."

토끼가 제 방귀에 놀란다.

본래 뜻 : 자기가 한 일에 자기가 놀라는 경우를 뜻함.

인성이 쑥쑥 : 토끼는 깜짝깜짝 잘 놀라는 편이에요. 제가 방귀를 뀌고서는 그 소리에 놀라기도 할 거예요. 성격이 소심한 사람은 작은 일에도 잔뜩 긴장하고 조바심을 내기도 해요. 차분하게 작은 것을 챙기는 것도 중요하지만, 걱정보다는 용기 있게 행동하는 것이 더 좋을 수도 있어요.

 따라서 써 볼까요?

토	끼	가		제		방	귀	에		놀
란	다	.								
토	끼	가		제		방	귀	에		놀
란	다	.								

 아래에 바르게 써 볼까요?

토끼가 제 방귀에 놀란다.

어떤 경우에 이 속담이 어울릴까요?

"엊그제 학원에 안 갔으면서 다녀왔다고 거짓말을 했어요. 그런데 엄마가 제 이름만 불러도 가슴이 쿵쿵 뛰는 거예요. 꼭 제 거짓말을 다 알고 계시는 것만 같아서요."

"토끼가 제 방귀에 놀란다는 말이 있어. 앞으로는 엄마한테 솔직히 말하는 것이 좋겠다."

티끌 모아 태산

본래 뜻 : 작은 것이라도 모이고 모이면 나중에 큰 것이 된다는 뜻.

인성이 쑥쑥 : '티끌'은 먼지나 모래 같은 부스러기를 말해요. '태산'은 높고 큰 산이고요. 작고 보잘것없는 것이라도 조금씩 모으다 보면 많아진다는 뜻이죠. 돼지 저금통에 한 푼 한 푼 넣었더니 어느새 큰돈이 된 것처럼요.

 따라서 써 볼까요?

티	끌		모	아		태	산			
티	끌		모	아		태	산			

 아래에 바르게 써 볼까요?

티끌 모아 태산

어떤 경우에 이 속담이 어울릴까요?

"티끌 모아 태산이라고 했어. 이 돼지 저금통이 꽉 찰 때까지 군것질도 안 하고 꼬박꼬박 저금해야지."

"용돈을 받으면 무조건 돼지 저금통에 다 넣는 것보다 꼭 쓸 돈은 놔두고 넣는 것이 좋아."

파리가 말 꼬리에 붙어서 천 리 간다. <u>187</u>

본래 뜻 : 다른 것의 힘을 빌려서 매우 어려운 일을 쉽게 해결한다는 뜻.

인성이 쑥쑥 : 파리가 천 리를 날아가기는 거의 불가능한 일이죠. 하지만 말 꼬리에 붙어 있다면 거뜬하게 갈 수도 있을 거예요. 간혹 내 능력으로는 불가능했던 일을 누군가의 도움을 받아 손쉽게 해결하면 엄청 횡재한 기분이 들지요.

 따라서 써 볼까요?

파	리	가		말		꼬	리	에		붙
어	서		천		리		간	다	.	
파	리	가		말		꼬	리	에		붙
어	서		천		리		간	다	.	

 아래에 바르게 써 볼까요?

파리가 말 꼬리에 붙어서 천 리 간다.

 **어떤 경우에 이 속담이 어울릴까요?**

"나는 달리기를 잘 못해서 일등을 한 번도 한 적이 없어. 근데 이번 운동회 계주 달리기에서 우리 팀이 일등을 했어. 얼마나 기뻤는지 몰라. 내가 일등을 하다니!"

"파리가 말 꼬리에 붙어서 천 리 간다고 하잖아. 아무튼 축하해. 네 운이 좋아서 일등 한 거니까."

팔십 노인도 세 살 먹은 아이한테 배울 것이 있다. ¹⁸⁸

본래 뜻 : 어린아이에게도 때로는 귀담아들을 말이 있다는 뜻.

인성이 쑥쑥 : 엄마가 미처 몰랐던 것을 말씀드리면 엄마가 깜짝 놀라기도 하시지요? 사람은 뭐든 다 알고, 뭐든 다 잘할 수는 없어요. 나이가 많은 어른은 아는 것이 많아요. 그런데도 배울 것이 많다고 생각해요. 그러니 자라나는 여러분은 더 많을 수밖에 없겠지요?

 따라서 써 볼까요?

팔	십		노	인	도		세		살	
먹	은		아	이	한	테		배	울	
것	이		있	다	.					

팔	십		노	인	도		세		살	
먹	은		아	이	한	테		배	울	
것	이		있	다	.					

 아래에 바르게 써 볼까요?

팔십 노인도 세 살 먹은 아이한테 배울 것이 있다.

 **어떤 경우에 이 속담이 어울릴까요?**

"네가 계란 노른자 분리하는 방법을 알려줘서 얼마나 잘 써먹는지 몰라. 고맙다."

"앞으로 모르는 것은 뭐든 물어보세요. 그럼 인터넷 뒤져서라도 다 알려드릴게요."

"이래서 팔십 노인도 세 살 먹은 아이한테 배울 것이 있다고 했나 보다."

팔은 안으로 굽는다.

본래 뜻 : 누구나 가깝게 지내는 사람에게 마음이 가고, 그 사람 편을 들게 된다는 뜻.

인성이 쑥쑥 : 팔은 절대 바깥으로 굽지 않아요. 안으로 굽지요. 동생이 얄미울 때가 많아요. 뭐든지 제멋대로 하고 자기 맘에 안 들면 떼를 쓰기도 하니까요. 하지만 동생이 다른 애하고 싸우고 있다면 형은 반드시 동생 편을 들게 되어 있어요. 동생은 내가 보살펴야 할 가족이니까요.

 따라서 써 볼까요?

팔	은		안	으	로		굽	는	다	.
팔	은		안	으	로		굽	는	다	.

 아래에 바르게 써 볼까요?

팔은 안으로 굽는다.

 **어떤 경우에 이 속담이 어울릴까요?**

"형, 아까 친구랑 내가 싸울 때 내 편 들어줘서 고마워."
"팔은 안으로 굽는다지만 말을 들어보니까 그 애가 잘못해서 네 편을 들어준 거야."

평안 감사도 저 싫으면 그만이다. 190

본래 뜻 : 아무리 좋은 일이라도 제 마음에 들지 않으면 억지로 시킬 수 없다는 뜻.

인성이 쑥쑥 : '평안 감사'는 조선 시대의 높은 벼슬로 평안도를 다스렸어요. 평안 감사는 누구나 하고 싶은 벼슬이었어요. 하지만 그렇게 좋은 자리라도 저 싫으면 억지로 못 맡기죠. 엄마가 아무리 비싼 옷을 사줬어도 내 맘에 안 들면 입기 싫은 것처럼요.

 따라서 써 볼까요?

평	안		감	사	도		저		싫	으
면		그	만	이	다	.				
평	안		감	사	도		저		싫	으
면		그	만	이	다	.				

 아래에 바르게 써 볼까요?

평안 감사도 저 싫으면 그만이다.

 **어떤 경우에 이 속담이 어울릴까요?**

"이 옷 한 번 입어볼래? 백화점에서 정말 비싸게 산 옷이야."

"엄마, 저는 이 옷이 싫어요. 저는 비싼 옷이 좋은 것이 아니라 편한 옷이 좋단 말예요."

"에구, 평안 감사도 저 싫으면 그만이다고 했는데 어쩔 수 없지. 네가 싫다는데 어쩌겠어."

풀과 나뭇잎은 다 같은 색이다.

본래 뜻 : 여럿이 처지가 다 같다는 뜻.

인성이 쑥쑥 : 풀도 초록이고 나뭇잎도 초록이에요. 풀잎과 나뭇잎을 같이 놓고 본다면 어떤 것이 풀이고 어떤 것이 나뭇잎인지 쉽게 구분하기 힘들죠. 나 혼자 똑똑하다며 잘난 척하는 사람은 아무도 좋아하지 않아요. 항상 남을 존중하며 겸손한 마음을 잊지 않고 행동하는 것이 중요하지요.

 따라서 써 볼까요?

풀	과		나	뭇	잎	은		다		같
은		색	이	다	.					
풀	과		나	뭇	잎	은		다		같
은		색	이	다	.					

 아래에 바르게 써 볼까요?

풀과 나뭇잎은 다 같은 색이다.

 **어떤 경우에 이 속담이 어울릴까요?**

"우리 집 고양이는 제가 고양이가 아닌 줄 아나 봐. 고양이들은 거들떠도 안 봐요."
"사람만 보면 좋아서 가르릉거리는 걸 보면 고양이가 아니라 사람인 줄 아는 것 같더라."
"그래봤자 풀과 나뭇잎은 다 같은 색이라는 걸 몰라서 그럴 거예요. 아무튼 귀여워요."

피는 물보다 진하다.

본래 뜻 : 가족끼리 정이 깊다는 뜻.

인성이 쑥쑥 : 이 속담에서 '피'는 함께 피를 나눈 사람 즉, 가족을 뜻해요. 가족끼리 정이 깊다는 뜻이지요. 멀리 가 있는 가족의 생일이 다가오면 더욱더 보고 싶어져요. 당장 만날 수 없는 곳에 있다면 더 그렇지요. 그럴 때면 가족이 얼마나 소중한가를 다시 깨닫게 돼요.

 따라서 써 볼까요?

피	는		물	보	다		진	하	다	.
피	는		물	보	다		진	하	다	.

 아래에 바르게 써 볼까요?

피는 물보다 진하다.

 **어떤 경우에 이 속담이 어울릴까요?**

"오늘이 군대 간 네 형 생일인데……. 같이 살았으면 맛있는 음식도 해주고 그랬을 텐데."
"엄마, 안 그래도 생일 축하한다고 편지 썼어요. 저도 형이 많이 보고 싶어요."
"피는 물보다 진하다더니 그 말이 맞구나. 편지 쓰는 걸 싫어하는 네가 편지를 다 쓰다니."

핑계 없는 무덤이 없다.

본래 뜻 : 아무리 큰 잘못을 저지른 사람도 변명과 이유가 있다는 뜻.

인성이 쑥쑥 : 사람은 누구나 죽어요. 그 죽음에는 수많은 이유가 있어요. 그런 것처럼 아무리 큰 잘못을 저지른 사람이라도 변명과 이유가 있어요. 누군가 잘못을 저질렀다면 무턱대고 화를 내거나 나무라기보다는 왜 그런 일이 일어났는지 물어보는 것이 먼저 아닐까요?

 따라서 써 볼까요?

핑	계		없	는		무	덤	이		없
다	.									
핑	계		없	는		무	덤	이		없
다	.									

 아래에 바르게 써 볼까요?

핑계 없는 무덤이 없다.

어떤 경우에 이 속담이 어울릴까요?

"동생하고 사이좋게 지내라고 말했잖아. 그런데 왜 동생하고 싸우려고만 하는데?"

"절대 제가 먼저 건들지 않았단 말예요. 동생이 제 장난감을 망가뜨렸다고요. 억울해요."

"핑계 없는 무덤이 없다더니! 어떤 상황이건 싸우는 것은 옳지 않아!"

하기 싫은 일은 오뉴월에도 손이 시리다. [194]

본래 뜻 : 하고 싶은 마음이 없으면 노력하려는 생각이 들지 않는다는 뜻.

인성이 쑥쑥 : '오뉴월'은 음력 오월과 유월이라는 뜻으로, 무더운 여름이에요. 얼마나 하기 싫은 일이면 그 더운 여름에 손이 시리다는 생각이 들겠어요. 친구가 할 일을 안 했을 때는 "아하, 얘는 이 일이 하기 싫었구나." 먼저 이해하는 것은 어떨까요?

 따라서 써 볼까요?

하	기		싫	은		일	은		오	뉴
월	에	도		손	이		시	리	다	.
하	기		싫	은		일	은		오	뉴
월	에	도		손	이		시	리	다	.

 아래에 바르게 써 볼까요?

하기 싫은 일은 오뉴월에도 손이 시리다.

어떤 경우에 이 속담이 어울릴까요?

"태권도 학원 갈 시간인데 왜 딴청을 피우는 거야? 넌 태권도 엄청 좋아하잖아."

"오늘은 태권도 학원에 정말 가기 싫어요. 가기 싫으니까 머리가 다 아픈 것 같아요."

"하기 싫은 일은 오뉴월에도 손이 시리다고 하더니, 몹시 가기 싫은 모양이구나."

하나를 보면 열을 안다.

본래 뜻 : 일부만 보고 전체를 미루어 안다는 말.

인성이 쑥쑥 : 하나를 가르치면 그 하나를 제대로 알기도 쉽지 않아요. 그런데 하나를 가르쳤는데 열 가지를 안다면 정말 영특하고 재주가 뛰어난 사람이겠죠. 이웃을 만났을 때 항상 깍듯이 인사를 하는 아이를 보면, 그 아이가 평소에 어떻게 행동하는지 쉽게 알 수 있는 것처럼요.

 따라서 써 볼까요?

하	나	를		보	면		열	을		안
다	.									
하	나	를		보	면		열	을		안
다	.									

 아래에 바르게 써 볼까요?

하나를 보면 열을 안다.

 **어떤 경우에 이 속담이 어울릴까요?**

"안녕하세요? 오늘은 정말 날씨가 좋아요. 어제 강아지가 아프다고 말씀하셨는데 괜찮나요?"
"너는 언제나 인사성이 밝구나. **하나를 보면 열을 안다**고 했다. 동네 어른한테 깍듯이 인사하는 너를 보면 네가 왜 사람들에게 칭찬을 받는지 알겠구나."

하나만 알고 둘은 모른다.

본래 뜻 : 생각이 밝지 못하여 도무지 융통성이 없고 미련하다는 뜻.

인성이 쑥쑥 : 자기 생각만 옳다고 여기며 남은 전혀 생각하지 않는 사람이 있어요. 상대방이 잔뜩 화가 나 있는데도 전혀 눈치 못 채는 사람도 있고요. 그런 사람이 옆에 있으면 정말 답답하죠. 무슨 일이건 딱 보이는 것만 생각할 것이 아니라 다른 것도 폭넓게 생각할 줄 알아야겠죠?

 따라서 써 볼까요?

하	나	만		알	고		둘	은		모
른	다	.								
하	나	만		알	고		둘	은		모
른	다	.								

 아래에 바르게 써 볼까요?

하나만 알고 둘은 모른다.

 **어떤 경우에 이 속담이 어울릴까요?**

"나는 배부르니까 너 혼자 빵 다 먹어도 돼. 나는 아침에 밥을 아주 많이 먹었거든."

"엄마! 누나가 저 혼자 빵 다 먹어도 된다고 했어요! 누나는 아침에 밥 많이 먹어서 안 먹고 싶대요."

"하나만 알고 둘은 모른다더니…… 누나가 너 더 먹게 하려고 그러는 걸 정말 모른단 말이야?"

하늘로 올라갔나 땅으로 들어갔나. 197

본래 뜻 : 별안간 아무도 모르게 사라졌다는 뜻.

인성이 쑥쑥 : 어떤 물건이 방금 전까지 곁에 있었는데 감쪽같이 사라진 경우가 있어요. 아무리 찾아도 없을 때는 정말 황당하지요. 친구가 바로 옆에 있는 줄 알고 열심히 떠들었는데, 정신 차리고 보니 혼자 떠들고 있는 경우도 있어요. 마치 꿈속에서 있었던 일처럼요.

 따라서 써 볼까요?

하	늘	로		올	라	갔	나		땅	으
로		들	어	갔	나	.				
하	늘	로		올	라	갔	나		땅	으
로		들	어	갔	나	.				

 아래에 바르게 써 볼까요?

하늘로 올라갔나 땅으로 들어갔나.

어떤 경우에 이 속담이 어울릴까요?

"강아지가 방금 전까지 나랑 같이 있었는데 감쪽같이 사라졌어. 불러도 대답이 없네. 어디 갔지?"

"같이 있었다면서? 주변 어딘가에서 놀고 있을 거야. 잘 찾아봐."

"정말 아무리 찾아도 없어. 하늘로 올라갔나 땅으로 들어갔나……."

하늘이 무너져도 솟아날 구멍이 있다. ¹⁹⁸

본래 뜻 : 아무리 어려운 경우에 처했어도 빠져나갈 방법이 있다는 뜻.

인성이 쑥쑥 : 아무리 힘든 상황이라도 빠져나갈 방법이나 꾀가 생기게 마련이에요. 계곡으로 캠핑을 갔는데 갑자기 폭우가 쏟아져 위험한 상황에 빠졌다면 정말 큰일이죠. 그런데 구조대 도움으로 계곡을 무사히 빠져나왔다면 정말 천만다행이고요.

 따라서 써 볼까요?

하	늘	이		무	너	져	도		솟	아
날		구	멍	이		있	다	.		
하	늘	이		무	너	져	도		솟	아
날		구	멍	이		있	다	.		

 아래에 바르게 써 볼까요?

하늘이 무너져도 솟아날 구멍이 있다.

 **어떤 경우에 이 속담이 어울릴까요?**

"비가 그렇게 무서운지 처음 경험했어. 우리 모두 계곡물에 휩쓸려서 죽는 줄 알았다니까."
"하늘이 무너져도 솟아날 구멍이 있다더니! 구조대 아저씨들이 우리를 구해주지 않았다면 우리는 벌써 물귀신이 되었을 거야."

하룻강아지 범 무서운 줄 모른다. <u>199</u>

본래 뜻 : 철없이 함부로 덤빈다는 뜻.

인성이 쑥쑥 : '하룻강아지'는 나이가 한 살 된 강아지를 뜻해요. '범'은 호랑이를 뜻하고요. 겨우 한 살밖에 안 된 강아지가 무서운 호랑이한테 덤비면 어떻게 되겠어요? 겁 없이 무조건 덤비는 행동을 용기 있다고 할 수는 없어요. 상황에 맞춰 지혜롭게 행동하는 것이 항상 옳아요.

 따라서 써 볼까요?

하	룻	강	아	지		범		무	서	운∨
줄		모	른	다	.					
하	룻	강	아	지		범		무	서	운∨
줄		모	른	다	.					

아래에 바르게 써 볼까요?

하룻강아지 범 무서운 줄 모른다.

 **어떤 경우에 이 속담이 어울릴까요?**

"네가 우리 학교에서 가장 팔씨름이 세다면서? 나도 만만찮아. 겁내지 말고 덤벼!"

"하룻강아지 범 무서운 줄 모른다더니! 네 실력이 어느 정도인지 궁금한걸. 자, 시작한다!"

"으악! 항복, 항복! 내 팔이 끊어지는 것 같아!"

한 번 속지 두 번 안 속는다.

본래 뜻 : 처음에는 모르고 속을 수 있으나 두 번째는 그렇지 않다는 뜻.

인성이 쑥쑥 : 친구가 거짓말을 하면 한 번은 속을 수 있어요. 하지만 또 거짓말을 하면 잘 속지 않아요. "또 거짓말인가?" 의심하게 되거든요. 그러니까 항상 진실되게 말을 하고 행동해야 해요. 거짓말쟁이, 진실하지 않은 사람은 아무도 좋아하지 않으니까요.

 따라서 써 볼까요?

한	번	속 지	두	번
안	속 는 다 .			
한	번	속 지	두	번
안	속 는 다 .			

 아래에 바르게 써 볼까요?

한 번 속지 두 번 안 속는다.

 **어떤 경우에 이 속담이 어울릴까요?**

"오늘 준비물 사야 하는데 돈을 안 가져왔어. 내일 줄 테니까 좀 빌려주면 안 되니? 내일 꼭 갚을게."
"한 번 속지 두 번 안 속는다는 말이 있어. 저번에도 그렇게 말하고 빌려 갔으면서 아직도 안 갚았잖아. 나는 네가 거짓말을 안 했으면 좋겠어. 먼저 빌린 돈부터 갚아."

한강에 돌 던지기

본래 뜻 : 어떤 일을 제아무리 열심히 해도 보람이 전혀 없다는 말.

인성이 쑥쑥 : 한강은 어마어마하게 넓고 깊어요. 그런 곳에 몇 개의 돌을 던져본들 무슨 소용이 있겠어요. 영어 공부를 할 때 단어 몇 개 외웠다고 영어를 다 배웠다고 할 수는 없어요. 하루아침에 끝낼 일이 아니라 끊임없이 공부해야 비로소 영어 박사가 될 수 있으니까요.

 따라서 써 볼까요?

한	강	에		돌		던	지	기		
한	강	에		돌		던	지	기		

 아래에 바르게 써 볼까요?

한강에 돌 던지기

어떤 경우에 이 속담이 어울릴까요?

"오늘 아침에 영어 단어를 열 개나 외웠어. 벌써 영어 박사가 다 됐다니까!"

"영어 단어 몇 개 외우고서는 영어 박사야? 정말 한강에 돌 던지기 한다. 돌 몇 개 던져놓고 한강을 다 채웠다고 하는 것과 뭐가 달라?"

형만 한 아우 없다.

본래 뜻 : 모든 일에 있어 아우가 형만 못하다는 말.

인성이 쑥쑥 : '아우'는 동생을 뜻해요. 형은 먼저 태어났으니 경험이 많아요. 당연히 동생은 늦게 태어났으니 형보다 경험이 부족하지요. 바쁜 엄마를 도와 강아지 목욕도 시키고, 청소기도 돌리는 형을 보면 동생도 힘을 합쳐 집안일을 도우려고 하겠지요.

따라서 써 볼까요?

형	만		한		아	우		없	다	.
형	만		한		아	우		없	다	.

아래에 바르게 써 볼까요?

형만 한 아우 없다.

어떤 경우에 이 속담이 어울릴까요?

"엄마, 강아지 목욕도 시켰고 청소기도 돌렸어요. 민재가 많이 도와주었어요."

"형만 한 아우 없다더니, 네가 열심히 엄마를 도와주니까 민재도 보고 배우는구나. 덕분에 엄마는 집안일이 훨씬 편해졌다."

호랑이 굴에 들어가야 호랑이를 잡는다. ²⁰³

본래 뜻 : 일을 성공시키려면 거기에 맞는 노력을 해야 한다는 말.

인성이 쏙쏙 : 호랑이를 만난다는 것만으로도 겁이 날 일이에요. 그런데 호랑이 굴로 들어가려고 한다면 얼마나 큰 용기가 필요하겠어요. 나를 계속 괴롭히는 아이가 있다면 어떻게 해야 할까요? 어른들한테 말을 하거나 겁내지 말고 그 아이와 맞서야겠지요?

 따라서 써 볼까요?

호	랑	이		굴	에		들	어	가	야	∨
호	랑	이	를		잡	는	다	.			
호	랑	이		굴	에		들	어	가	야	∨
호	랑	이	를		잡	는	다	.			

 아래에 바르게 써 볼까요?

호랑이 굴에 들어가야 호랑이를 잡는다.

어떤 경우에 이 속담이 어울릴까요?

"너한테 계속 당하고 살기는 싫어! 오늘부터 나를 괴롭히면 가만두지 않겠어! 호랑이 굴에 들어가야 호랑이를 잡는다고 했어. 내가 참으면 넌 다른 애들도 괴롭힐 거야. 앞으로 나를 한 번만 더 괴롭히면 절대 용서하지 않겠어!"

호랑이 없는 골에 토끼가 왕 노릇 한다.²⁰⁴

본래 뜻 : 힘세고 뛰어난 사람이 없는 곳에서 보잘것없는 사람이 권력을 가진다는 말.

인성이 쑥쑥 : '골'은 산골짜기를 뜻해요. 옛날에 높은 산을 지배하는 동물은 호랑이였어요. 그런데 그 골짜기에 호랑이가 사라지면 겁 없는 토끼가 왕 노릇을 하려고 들 거예요. 호랑이가 무서워 벌벌 떨다가 이제는 무서울 것이 없어졌다고 생각하는 거죠.

 따라서 써 볼까요?

호	랑	이		없	는		골	에			토
끼	가		왕		노	릇		한	다	.	
호	랑	이		없	는		골	에			토
끼	가		왕		노	릇		한	다	.	

 아래에 바르게 써 볼까요?

호랑이 없는 골에 토끼가 왕 노릇 한다.

 **어떤 경우에 이 속담이 어울릴까요?**

"내가 아파서 학교에 못 오는 동안 네가 제일 힘이 세다고 뻐기면서 애들을 괴롭혔다며? 호랑이 없는 골에 토끼가 왕 노릇 한다더니! 센 힘은 애들 괴롭히는 데 쓰는 것이 아니야. 앞으로 약한 애들을 괴롭히면 내가 가만두지 않겠어!"

호랑이도 제 말 하면 온다.

본래 뜻 : 다른 사람 이야기를 하는데 갑자기 그 사람이 나타나는 경우를 이르는 말.

인성이 쑥쑥 : 호랑이는 깊은 산속에 살아요. 그런데 무서운 호랑이 이야기를 하는데 갑자기 어흥! 하면서 나타난다면 얼마나 놀라겠어요. 맛있는 것이 있어서 아빠랑 같이 먹었으면 좋겠다는 말을 했는데, 아빠가 불쑥 나타나면 깜짝 놀라면서도 기쁜 것도 그런 경우죠.

 따라서 써 볼까요?

호	랑	이	도		제		말		하	면	∨
온	다	.									
호	랑	이	도		제		말		하	면	∨
온	다	.									

 아래에 바르게 써 볼까요?

호랑이도 제 말 하면 온다.

어떤 경우에 이 속담이 어울릴까요?

"엄마, 이 피자는 맛이 뛰어난 것 같아요. 아빠가 빨리 오셔서 같이 먹으면 좋았을 거예요."

"내 얘기하는 거냐?"

"아빠! 호랑이도 제 말 하면 온다더니, 아빠 말을 하던 중인데 나타나니까 깜짝 놀랐어요."

호랑이한테 물려 가도 정신만 차리면 산다. 206

본래 뜻 : 아무리 위급한 상황에서도 정신만 똑똑히 차리면 위기를 벗어날 수가 있다는 뜻.

인성이 쑥쑥 : 호랑이가 어흥! 입을 벌리고 덤벼든다면 얼마나 놀라겠어요. 하지만 그 상황에서 울부짖고 벌벌 떨기보다는 어떻게 하면 살아날까를 생각하는 것이 더 현명하지요. 혹시 모르잖아요, 내가 눈을 부릅뜨고 노려본다면 호랑이가 슬그머니 꼬리를 내릴 수도 있지 않을까요?

 따라서 써 볼까요?

호	랑	이	한	테		물	려		가	도	∨
정	신	만		차	리	면		산	다	.
호	랑	이	한	테		물	려		가	도	∨
정	신	만		차	리	면		산	다	.

 아래에 바르게 써 볼까요?

호랑이한테 물려 가도 정신만 차리면 산다.

 **어떤 경우에 이 속담이 어울릴까요?**

"공원에서 사나운 개를 만났어요 목 줄이 끊겼는데 제 쪽으로 무섭게 달려오는 거예요. 엄청 무서웠지만 정신 바짝 차리고 나뭇가지를 주워서 마구 휘둘렀더니 달아났어요."

"호랑이한테 물려 가도 정신만 차리면 산다더니, 정말 잘했다. 많이 놀랐겠다."

호미로 막을 것을 가래로 막는다.

본래 뜻 : 적은 힘으로 충분히 처리할 수 있는 일인데 쓸데없이 많은 힘을 들인다는 뜻.

인성이 쑥쑥 : '호미'는 김을 매거나 감자나 고구마 따위를 캘 때 쓰는 쇠로 만든 농기구예요. '가래'는 흙을 파헤치거나 떠서 던지는 기구이고요. 그러니까 가래가 호미보다 훨씬 크지요. 작은 호미로도 충분히 할 수 있는 일을 커다란 가래로 한다면 일의 능률은 떨어지고 힘만 들겠지요?

 따라서 써 볼까요?

호	미	로		막	을		것	을		가
래	로		막	는	다	.				
호	미	로		막	을		것	을		가
래	로		막	는	다	.				

 아래에 바르게 써 볼까요?

호미로 막을 것을 가래로 막는다.

어떤 경우에 이 속담이 어울릴까요?

"화단에 물 주라 하셔서 양동이에 물을 떠 나르느라고 정말 힘들었어요. 팔이 빠지는 것 같았어요."

"맙소사, 호미로 막을 것을 가래로 막는다더니, 물 호스를 이용했으면 편했을 텐데 양동이로 물을 떠다 뿌렸다고?"

호박에 줄 긋는다고 수박 되나.

본래 뜻 : 아무리 화려하게 치장해도 그 본 모습(성격 등)은 변하지 않는다는 뜻.

인성이 쑥쑥 : 호박과 수박은 크기만 비슷하고 모습, 맛, 색깔은 아주 달라요. 그러니까 호박에 줄을 긋는다고 수박이 될 수 없는 것은 당연한 일이죠. 그렇다고 수박이 좋고, 호박이 별로라는 뜻은 아니에요. 수박은 수박대로, 호박은 호박대로 특징이 있다는 뜻이죠.

 따라서 써 볼까요?

호	박	에		줄		긋	는	다	고
수	박		되	나	.				
호	박	에		줄		긋	는	다	고
수	박		되	나	.				

 아래에 바르게 써 볼까요?

호박에 줄 긋는다고 수박 되나.

 **어떤 경우에 이 속담이 어울릴까요?**

"고양이가 강아지들하고만 놀려고 해. 자기가 강아지라고 생각하는지 멍멍 짖으려고 한다니까."
"어려서부터 강아지들 하고 놀아 그런 거 아닐까?"
"고양이한테 호박에 줄 긋는다고 수박 되는 거 아니라는 걸 어떻게 가르치지?"

호박이 넝쿨째로 굴러떨어졌다.

본래 뜻 : 뜻밖에 좋은 물건을 얻거나 좋은 일이 생김을 이르는 말.

인성이 쑥쑥 : '넝쿨'은 다른 물건을 감기도 하고 땅바닥에 퍼지기도 하는 식물의 줄기예요. 호박은 버릴 것이 한 가지도 없어요. 그런 호박이 넝쿨째 들어온다면 정말 기분이 좋겠죠. 생일날, 생각지도 않은 큰 선물을 받았을 때도 그런 기분이 아닐까요?

 따라서 써 볼까요?

호	박	이		넝	쿨	째	로		굴	러
떨	어	졌	다	.						
호	박	이		넝	쿨	째	로		굴	러
떨	어	졌	다	.						

 아래에 바르게 써 볼까요?

호박이 넝쿨째로 굴러떨어졌다.

 **어떤 경우에 이 속담이 어울릴까요?**

"생일 축하한다. 네 생일을 놓칠 뻔했는데 다행히 기억이 나서 선물을 챙겼다. 마음에 드니?"

"호박이 넝쿨째로 굴러떨어졌다고 하더니! 지금 제 기분이 그래요. 생각 못 했는데 이렇게 큰 선물을 주셔서 정말 고맙습니다!"

혹 떼러 갔다 혹 붙여 온다.

본래 뜻 : 좋은 일을 기대하고 갔다가 도리어 불리한 일을 당하고 돌아온다는 뜻.

인성이 쑥쑥 : 우리가 잘 알고 있는 이야기가 있죠? 바로 혹부리 영감이에요. 나쁜 짓만 하던 영감이 혹을 떼러 도깨비를 찾아갔다가 되레 혹을 하나 더 붙이고 돌아왔어요. 꾀를 부리면서 청소를 안 하다가 그 벌로 화장실 청소까지 해야 하는 경우도 그렇겠죠?

 따라서 써 볼까요?

혹		떼	러		갔	다		혹		붙
여		온	다	.						
혹		떼	러		갔	다		혹		붙
여		온	다	.						

 아래에 바르게 써 볼까요?

혹 떼러 갔다 혹 붙여 온다.

 **어떤 경우에 이 속담이 어울릴까요?**

"너는 왜 청소 안 해? 선생님이 청소 깨끗이 하라고 하셨잖아."

"나는 청소는 정말 싫어. 더럽잖아. 나는 청소 따위는 절대 안 할 거야. 으악, 선생님이다!"

"혹 떼러 갔다 혹 붙여 온다고 했어. 꾀부리다 걸렸으니 너 혼자 화장실 청소까지 하도록!"

황소 뒷걸음치다가 쥐 잡는다. 211

본래 뜻 : 어쩌다 우연히 일이 이루어지거나 알아맞힌다는 말.

인성이 쑥쑥 : 옛날에는 소가 농기구의 역할을 했어요. 느릿느릿 밭을 갈고 짐을 날랐지요. 사람들은 기운이 세거나, 많이 먹거나, 미련한 사람을 황소 같다고 했어요. 그런 황소가 뒤로 물러서다가 우연히 쥐를 밟아서 잡았으니 얼마나 신기하겠어요.

 따라서 써 볼까요?

황	소		뒷	걸	음	치	다	가		쥐	∨
잡	는	다	.								
황	소		뒷	걸	음	치	다	가		쥐	∨
잡	는	다	.								

 아래에 바르게 써 볼까요?

황소 뒷걸음치다가 쥐 잡는다.

 **어떤 경우에 이 속담이 어울릴까요?**

"엄마가 밥하는 동안 동생 좀 봐줄래? 너무 울어서 일을 할 수가 없다."

"어, 아기가 안자마자 울음을 그쳤어요. 제가 안기만 하면 울었는데 울지도 않고 방글방글 웃어요!"

"황소 뒷걸음치다가 쥐 잡는다더니, 통 아기를 볼 줄 모르던 네가 웬일이냐?"

흘러가는 물도 떠주면 공이 된다. 212

본래 뜻 : 주는 사람에게는 대수롭지 않은 일도 받는 사람에게는 크게 고마운 일이라는 뜻.

인성이 쑥쑥 : '공'은 애써서 들이는 정성과 힘을 뜻해요. 흘러가는 물은 아주 흔하죠. 그런데 그 물을 그릇에 떠 준다면 받아먹는 사람은 엄청 고마울 거예요. 일하느라 바쁜 엄마한테 달콤한 주스 한 잔을 가져다드리면 몹시 고마워하는 것처럼요.

 따라서 써 볼까요?

흘	러	가	는		물	도		떠	주	면	∨
공	이		된	다	.						
흘	러	가	는		물	도		떠	주	면	∨
공	이		된	다	.						

 아래에 바르게 써 볼까요?

흘러가는 물도 떠주면 공이 된다.

 **어떤 경우에 이 속담이 어울릴까요?**

"일하느라 물 마실 틈도 없었는데 네가 주스를 챙겨다 줘서 정말 고마웠어."

"에이, 그게 뭐가 고마울 일이에요. 너무 힘드실 것 같아서 그랬을 뿐인데요, 뭘."

"흘러가는 물도 떠주면 공이 된다고 했어. 주스 한 잔이 불끈 기운 나게 하더구나."

흥정은 붙이고 싸움은 말리랬다.

213

본래 뜻 : 좋은 일은 도와주고 궂은일은 말리라는 뜻.

인성이 쑥쑥 : '흥정'은 물건을 사고파는 것을 뜻해요. 친구들이 싸우는데 편을 들어주는 것보다 말리는 것이 옳고, 싸웠던 친구들이 화해를 하려고 하면 옆에서 도와주는 것이 옳아요. 반대로 흥정은 말리고 싸움을 붙인다면 어떻게 될까요? 아마 일이 엉망진창이 되고 말 거예요.

 따라서 써 볼까요?

흥	정	은		붙	이	고		싸	움	은	∨
말	리	랬	다	.							
흥	정	은		붙	이	고		싸	움	은	∨
말	리	랬	다	.							

 아래에 바르게 써 볼까요?

흥정은 붙이고 싸움은 말리랬다.

어떤 경우에 이 속담이 어울릴까요?

"민아하고 수경이가 별일도 아닌데 말다툼을 했어요. 내가 싸우지 말라고 해도 소용이 없었어요."

"흥정은 붙이고 싸움은 말리랬다고, 네가 싸움 말린 것은 정말 잘한 일이야. 두 애는 워낙 친하니까 다시 화해하고 싶어 할지도 몰라. 네가 중간에서 도와주면 금방 화해할 것 같다."

속담 퀴즈 박사 되기

1. 다음 빈칸에 알맞은 속담을 골라 써 볼까요?

1. 털어서 [ ][ ] 안 나는 사람 없다. <u>〈누구나 다 조그마한 허물은 가지고 있다는 말〉</u>

① 먼지   ② 하품   ③ 방귀   ④ 콧물

2. 티끌 모아 [ ][ ] <u>〈작은 것이라도 모이고 모이면 나중에 큰 것이 된다는 뜻〉</u>

① 강물   ② 태산   ③ 바다   ④ 호수

3. [ ]는 물보다 진하다. <u>〈가족끼리 정이 깊다는 뜻〉</u>

① 매   ② 귀   ③ 피   ④ 코

4. 하나를 보면 [ ]을 안다. <u>〈일부만 보고 전체를 미루어 안다는 말〉</u>

① 열   ② 만   ③ 억   ④ 천

5. [ ][ ]이 무너져도 솟아날 구멍이 있다. <u>〈아무리 어려운 경우에 처했어도 빠져나갈 방법이 있다는 뜻〉</u>

① 대문   ② 하늘   ③ 마당   ④ 지붕

6. [ ][ ]에 돌 던지기 <u>〈어떤 일을 제아무리 열심히 해도 보람이 전혀 없다는 말〉</u>

① 한강   ② 우물   ③ 그릇   ④ 까치

7. [ ][ ][ ]도 제 말 하면 온다. <u>〈다른 사람 이야기를 하는데 갑자기 그 사람이 나타나는 경우를 이르는 말〉</u>

① 코끼리   ② 당나귀   ③ 호랑이   ④ 까마귀

8. [ ][ ]이 넝쿨째로 굴러떨어졌다. <u>〈뜻밖에 좋은 물건을 얻거나 좋은 일이 생김을 이르는 말〉</u>

① 나물   ② 반찬   ③ 그릇   ④ 호박

9. [ ] 떼러 갔다 혹 붙여 온다. <u>〈좋은 일을 기대하고 갔다가 도리어 불리한 일을 당하고 돌아온다는 뜻〉</u>

① 혹   ② 물   ③ 불   ④ 흙

10. [ ][ ] 뒷걸음치다가 쥐 잡는다. <u>〈어쩌다 우연히 일이 이루어지거나 알아맞힌다는 말〉</u>

① 사슴   ② 나귀   ③ 염소   ④ 황소

정답
1.③방귀 2.②태산 3.③피 4.①열 5.②하늘 6.①한강 7.③호랑이 8.④호박 9.①혹 10.④황소

2. 다음 글을 읽고 어떤 내용의 속담이 맞는지 써 볼까요?

〈누구나 가깝게 지내는 사람에게 마음이 가고, 그 사람 편을 들게 된다는 뜻〉

 아까 힘센 민구가 나를 때리려고 할 때 막아줘서 고마워. 조금 무서웠거든.

민구가 너를 때리려고 하니까 나도 모르게 달려가게 되더라.

 다른 애들은 가만있는데 너 혼자 나서서 나를 보호해 주니까 든든했어.

_____ 고 했어.
가장 친한 친구가 맞는데 어떻게 가만있어.

3. 아래 단어 중에 세 가지를 골라 속담을 써 볼까요?

먼지 / 티끌 / 팔 / 피 /
한강 / 호박 / 혹

_____

_____

_____

_____

_____

_____

_____

_____

생각디딤돌 창작교실 엮음

생각디딤돌 창작교실은 소설가, 동화작가, 시인, 수필가, 역사학자, 교수, 교사 들이 참여하는 창작 공간입니다.
주로 국내 창작 위주의 책을 기획하며 우리나라 어린이들이 낯선 외국의 정서를 익히기에 앞서
우리 고유의 정서를 먼저 배우고 익히기를 소원하는 작가들의 모임입니다.
『마법의 맞춤법 띄어쓰기(전8권)』『마법의 사자소학 따라 쓰기(전2권)』 등을 펴냈습니다.

마법의 속담 따라 쓰기 ④

초판 1쇄 발행 / 2022년 6월 15일
초판 1쇄 인쇄 / 2022년 6월 20일

엮은이 ── 생각디딤돌 창작교실
펴낸이 ── 이영애
펴낸곳 ── 도서출판 생각디딤돌
　　　　　출판등록 2009년 3월 23일 제135-95-11702
　　　　　전화번호 070-7690-2292　팩스 02-6280-2292

ISBN　978-89-93930-71-9(64710)
　　　　978-89-93930-67-2(세트)